SAVAIS-TU ?
Les Sangsues

Alain M. Bergeron
Michel Quintin
Sampar

Illustrations de Sampar

ÉDITIONS
MICHEL
QUINTIN

Catalogage avant publication de Bibliothèque et Archives
nationales du Québec et Bibliothèque et Archives Canada

Bergeron, Alain M.

   Les Sangsues

   (Savais-tu?)
   Pour enfants de 7 ans et plus.

   ISBN 978-2-89435-407-0 (rel.)

   1. Sangsues - Ouvrages pour la jeunesse. 2. Sangsues - Ouvrages
illustrés - Ouvrages pour la jeunesse. I. Quintin, Michel. II. Sampar.
III. Titre. IV. Collection: Bergeron, Alain M. Savais-tu?

QL391.A6B47 2009   j592'.66   C2008-942408-5

Le Conseil des Arts du Canada
The Canada Council for the Arts

SODEC
Québec::

Patrimoine   Canadian
canadien   Heritage

La publication de cet ouvrage a été réalisée grâce au soutien
financier du Conseil des Arts du Canada et de la SODEC.
De plus, les Éditions Michel Quintin bénéficient de l'aide
financière du gouvernement du Canada par l'entremise du
Programme d'aide au développement de l'industrie de
l'édition (PADIÉ) pour leurs activités d'édition.

Gouvernement du Québec – Programme de crédit d'impôt
pour l'édition de livres – Gestion SODEC

ISBN 978-2-89435-407-0

Dépôt légal - Bibliothèque et Archives nationales du Québec, 2009
Dépôt légal - Bibliothèque et Archives Canada, 2009

Éditions Michel Quintin
C.P. 340, Waterloo (Québec)
Canada J0E 2N0
Tél.:   450 539-3774
Téléc.: 450 539-4905
www.editionsmichelquintin.ca

09-WKT-1

Imprimé en Chine

Savais-tu que certaines sangsues peuvent mesurer 45 centimètres de long? Cependant, des quelque 650 espèces connues, la plupart n'excèdent pas 5 centimètres.

Savais-tu que la sangsue a un corps aplati dont chacune des extrémités est munie d'une ventouse? Sa bouche se situe au centre de la ventouse antérieure.

Savais-tu que la plupart des sangsues vivent en eau douce? Elles préfèrent les eaux calmes, peu profondes, et les endroits où le fond est encombré de débris.

MAIS QU'EST-CE QUE TU FAIS LÀ ?

JE VEUX QUE MES SANGSUES SE SENTENT CHEZ ELLES...

Savais-tu que d'autres espèces vivent dans les océans? De plus, certaines sangsues des régions tropicales sont terrestres.

Savais-tu que la sangsue nage en faisant onduler son corps? Elle se déplace aussi en marchant à l'aide de ses ventouses.

Savais-tu que dans les régions tempérées, les sangsues passent l'hiver enfouies dans le fond des étangs et des lacs?

Savais-tu que les sangsues sont hermaphrodites? Cependant, pour se reproduire, il doit y avoir un accouplement au cours duquel 2 individus se fécondent mutuellement.

Savais-tu que plusieurs sangsues peuvent vivre jusqu'à 2 ans sans nourriture?

Savais-tu que beaucoup d'espèces de sangsues sont carnivores? Elles se nourrissent de proies vivantes tels des insectes aquatiques, des mollusques et des vers.

SPLOUTCH

Savais-tu que les sangsues réagissent avec une extrême sensibilité au moindre mouvement de l'eau ou à la plus petite vibration du sol que provoquent leurs futures victimes?

Savais-tu que la bouche de la sangsue peut être très différente d'une espèce à l'autre? Certaines ont 3 mâchoires qui comptent jusqu'à 100 dents chacune, tandis que d'autres ont plutôt une trompe servant de tube à pompage.

Savais-tu que celles qui n'ont ni dents ni trompe se contentent d'avaler leurs proies entières?

Savais-tu que certaines sangsues se nourrissent d'animaux morts?

Savais-tu que d'autres espèces sont des parasites qui se nourrissent du sang de nombreux vertébrés et invertébrés?

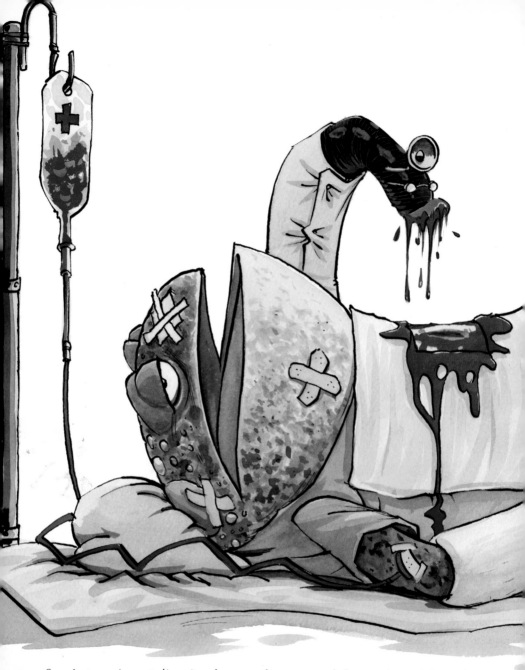

Savais-tu qu'avant d'aspirer le sang, la sangsue hématophage injecte à son hôte 2 substances inoffensives? Un anticoagulant appelé hirudine et un anesthésiant.

Savais-tu que grâce à cette substance anesthésiante, la zone où se fixe la sangsue devient insensible? Ainsi, celle-ci peut agir sans craindre d'être détectée et délogée.

Savais-tu qu'il est possible de lui faire lâcher prise en l'aspergeant d'un produit légèrement irritant comme du sel, du vinaigre ou de l'alcool?

Savais-tu que certaines sangsues très voraces peuvent rester fixées à leur hôte jusqu'à 24 heures durant? Elles se détacheront d'elles-mêmes seulement lorsqu'elles seront complètement rassasiées.

Savais-tu que certaines sangsues peuvent absorber jusqu'à 9 fois leur poids en un seul repas? Cela peut vouloir dire une quantité de plus de 30 grammes de sang.

Savais-tu que, pendant des siècles, les médecins se sont servis de sangsues pour pratiquer des saignées? Cela pour traiter des maladies comme la fièvre, les maux de tête et la coqueluche. Elles étaient aussi utilisées pour traiter les problèmes de poids ou de flatulence.

Savais-tu que l'emploi de cet animal a connu son apogée au XIXe siècle?
D'ailleurs, entre 1820 et 1840, la demande fut telle en France qu'on y
importa, au cours de certaines années, plus de 45 millions de sangsues.

Savais-tu qu'en ce temps-là, les sangsues pouvaient être appliquées partout sur le corps, à l'exception du centre du visage, des seins et du pénis?

Savais-tu qu'il arrivait souvent qu'on applique jusqu'à une centaine de sangsues par séance? Chacune d'elles devait être à jeun depuis au moins 100 jours. Ce genre de traitement a fait de nombreuses victimes par hémorragie.

Savais-tu que pour les pêcher à l'époque, il suffisait de se tremper jusqu'à la taille dans une mare infestée de sangsues pour en ressortir les jambes recouvertes quelques minutes plus tard?

Savais-tu qu'aujourd'hui on utilise les sangsues lors de greffes de doigts, d'orteils et d'oreilles? Elles permettent de rétablir la circulation sanguine et d'empêcher la nécrose des tissus après la chirurgie.

Savais-tu aussi qu'il existe des pommades à base d'extraits de sangsues?
Celles-ci sont recommandées pour le traitement des varices et des
hémorroïdes.

Savais-tu qu'à la suite de l'usage abusif de la sangsue médicinale, cette espèce extrêmement abondante au XIXᵉ siècle est maintenant en voie de disparition? Les individus qu'on utilise aujourd'hui proviennent tous d'élevages.

Savais-tu que, selon l'espèce, la sangsue peut vivre de 2 à 15 ans?
Certains individus ont déjà atteint 30 ans.

Savais-tu que grâce à cet animal, des chercheurs américains ont réussi à construire un ordinateur biologique? Ils avaient remplacé la puce de silicone par des neurones de sangsue.

SAVAIS-TU qu'il y a d'autres titres?

Les Dinosaures

Les Piranhas

Les Rats

Les Crapauds

Les Caméléons

Les Crocodiles

Les Serpents

TOUT EN **COULEURS**